FIRST alphabet BOOK

baby and toddler alphabet book

QGN LEARNING

Aa

Apple

Bb

Bird

Cc

Camel

Dd

Deer

Ee

Eagle

Ff

Fox

Gg

Girl

Hh

Horse

Ii

Igloo

Jj

Joker

Kk

Kangroo

Ll

Lion

Mm

Mouse

Nn

Nurse

Oo

Ostrich

Pp

Panda

Qq

Queen

Rr

Rabbit

Ss

Snake

Tt

Tortoise

Uu

UFO

Vv

Vulture

Ww

Watermelon

Xx

Xerox

Yy

Yoyo

Zz

Zebra

REVISION

Capital alphabet letters

A B C D E F G H

I J K L M N O

P Q R S T U

V W X Y Z

Small alphabet letters

a b c d e f g h

i j k l m n o

p q r s t u

v w x y z

www.ingramcontent.com/pod-product-compliance
Lightning Source LLC
Chambersburg PA
CBHW061317170726
48282CB00021B/120
9788193967485